L'ALLIANCE ANGLAISE.

L'ALLIANCE ANGLAISE,

PAR

ALEXANDRE WALEWSKI.

PARIS,

FÉLIX LOCQUIN ET COMP., IMPRIMEURS,
16, rue Notre-Dame-des-Victoires.

1838.

De tous côtés on répète qu'il y a refroidissement entre la France et l'Angleterre, malheureusement les faits ne viennent que trop confirmer ces rumeurs. Qui doit en porter la responsabilité? est-ce le cabinet de Saint-James? est-ce le cabinet des Tuileries? La réponse n'est que trop facile.

La désertion de l'alliance anglaise et les tendances qui doivent fatalement en résulter venant à révéler des symptômes de la plus haute gravité, j'ai recherché par quelles raisons les deux peuples qui marchent à la tête de la civilisation devaient rester unis. Ce sont ces raisons appuyées de faits et de témoignages éclatants que je soumets au public.

Certes, personne n'accusera l'empereur Napoléon d'être partial pour l'Angleterre, aussi ai-je considéré son opinion sur l'alliance des deux pays comme un argument de la plus haute importance. Tous ceux qui sont habitués à voir dans Napoléon l'ennemi irréconciliable de la Grande-Bretagne seront étonnés de ce qu'ils vont lire ; mais il faut qu'ils se rappellent que c'est l'oligarchie anglaise, et non le peuple anglais, qui avait juré une haine éternelle au représentant couronné de la démocratie européenne.

Voici les paroles sorties de la bouche de Napoléon à ce sujet dans diverses circonstances :

« L'Angleterre et la France ont tenu dans leurs mains le sort de
» la terre, celui surtout de la civilisation européenne ; que de mal
» nous nous sommes fait, que de bien nous pouvions faire !

» Sous l'école de Pitt (1), nous avons désolé le monde, et pour
» quel résultat? Vous avez imposé quinze cents millions à la
» France, et les avez fait lever par des Cosaques ; moi, je vous ai
» imposé sept milliards, et les ai fait lever de vos propres mains,
» par votre parlement ; et aujourd'hui même, après la victoire,
» est-il bien certain que vous ne succomberez pas sous une telle
» charge?

» Avec l'école de Fox, nous nous serions entendus ; nous
» eussions accompli, maintenu l'émancipation des peuples, le
» règne des principes ; il n'y eût eu en Europe qu'une seule flotte,
» une seule armée ; nous aurions gouverné le monde, nous aurions
» fixé chez tous le repos et la prospérité ou par la force ou par la
» persuasion.

» Oui, encore une fois, que de mal nous avons fait, que de
» bien nous pouvions faire ! »

(Mémorial de Sainte-Héléne.)

» .... Au rebours de Castlereagh, le ministère qui suivra n'a
» qu'à se mettre à la tête des idées libérales, au lieu de se liguer

---

(1) Pitt personnifie le parti tory, c'est à dire l'oligarchie ; Fox personnifie le parti whig, c'est à dire le parti libéral.

» avec le pouvoir absolu, et il recueillera les bénédictions uni-
» verselles, et tous les torts de l'Angleterre seront oubliés. »

(Mémorial de Sainte-Hélène.)

« Le gouvernement anglais est tombé dans les mains d'une
» quarantaine de familles ; cette oligarchie a fait aisément la loi à
» la maison de Brunswick ; mais cela ne peut durer. »

(Pelet de la Lozère.)

« Ce n'est pas le peuple anglais, c'est l'oligarchie anglaise qui
» me faisait la guerre. »   *(Correspondance inédite.)*

« La mort de Fox est une des fatalités de ma carrière ; s'il
» eût continué de vivre, les affaires eussent pris une tout autre
» tournure ; la cause des peuples l'eût emporté, et nous eussions
» fixé un nouvel ordre de choses en Europe. »

(Mémorial de Sainte-Hélène.)

« .... S'il ne fût pas mort, la paix se serait effectuée ; car Fox
» connaissait les vrais intérêts de son pays. »

(Mémorial de Sainte-Hélène.)

« .... Avec de telles gens (les whigs), je me serais toujours
» entendu ; nous eussions bientôt été d'accord. Non seulement
» nous aurions eu la paix avec une nation foncièrement très esti-
» mable, mais encore nous aurions fait ensemble de très bonne
» besogne. »   *(Mémorial de Sainte-Hélène.)*

« .... Aussi quelques mois ne se seraient pas écoulés, que ces
» deux nations, si violemment ennemies, n'eussent plus composé
» que deux peuples identifiés désormais par leurs principes,
» leurs maximes, leurs intérêts, etc. »

(Mémorial de Sainte-Hélène.)

L'ALLIANCE ANGLAISE.

——

Il y a deux sortes de politique qui dominent tour à tour la conduite des états dans leurs relations les uns avec les autres ; la politique d'intérêt et la politique de principe. Il va sans dire que la politique de principe pourrait s'appeler aussi politique d'intérêt, puisque pour un gouvernement la défense d'un principe n'est, après tout, que la défense d'un intérêt, mais d'un intérêt si élevé et si vaste, qu'il prime et enveloppe tous les autres, et qu'il semble quelquefois les contrarier, alors même qu'il les protége.

La révolution de 89, et tous les grands mouvements démocratiques et militaires qui en ont été la conséquence, ont fait prévaloir en Europe, tout autre intérêt cessant, la politique de principe. Avant que ce grand événement éclatât en France, une complication infinie d'intérêts, les uns politiques, les autres commerciaux, tenaient en état de division les différentes puissances de l'Europe, et les alliances faites ou à faire entre elles devaient avoir pour base les affinités ou les répulsions dont ces intérêts étaient la source. L'avénement au pouvoir de la démocratie française créa instantanément un intérêt identique à tous les trônes et à toutes les aristocraties. Les rivalités devenues secondaires s'effacèrent, les monarchies absolues du continent et l'oligarchie patricienne qui gouvernait l'Angleterre firent cause commune devant un danger commun. Il n'y eut plus pour elles qu'une pensée, ou, si l'on veut, qu'un intérêt, celui de conjurer la propagande de l'émancipation populaire. La politique de principe organisa la ligue gigantesque des souverains contre la France; et les guerres mêmes de l'empire, quelles qu'en soient au premier abord les causes apparentes, ne furent en réalité que la lutte de l'Europe aristocratique contre la démocratie couronnée.

Comment l'Angleterre, dont nos publicistes philosophes avaient glorifié le gouvernement-modèle, et qui passait pour être régie par des institutions représentatives, comment l'Angleterre entra-t-elle alors dans la coalition des gouvernements absolus contre un peuple dont tout le crime était de vouloir conquérir une liberté analogue à celle dont elle jouissait? Comment l'Angleterre constitutionnelle se liguait-elle dans une guerre de principes contre la France révolutionnaire? Il semblerait au premier coup d'œil que la politique du cabinet britannique se mit par là en contradiction avec son principe. Il n'en est rien. Cette constitution anglaise qui semblait faire à la démocratie une part d'influence, ce prétendu équilibre des trois pouvoirs, c'était une théorie, mais point un fait. L'aristocratie, c'est à dire la chambre des lords, qui nommait elle-même et tenait en sa main la majorité des communes, possédait, à elle toute seule, la réalité du gouvernement, et cette constitution tant vantée, avec le mensonge de ses trois pouvoirs, c'était en dernière analyse l'organisation d'un pouvoir unique, c'est à dire une oligarchie consolidée.

On comprend alors comment cette oligarchie, dont la puissance reposait sur de vieilles chartes transformées en arche sainte par des préjugés habilement entretenus, et dont la fortune trouvait une inépuisable source dans de vieux abus invoquant contre toute réforme une sorte de prescription, dut s'effrayer à l'aspect de notre démocratie logicienne, qui, ne se payant pas d'apparences, faisait hardiment passer dans ses lois une liberté positive et une égalité pratique. On comprend que ces grands tenanciers de bourgs-pourris tremblassent de voir le peuple anglais s'éclairer aux lumières de la nuit du 4 août, surtout lorsqu'un peu plus tard la dialectique populaire tirait si énergiquement les conséquences de ce vote arraché à la noblesse par un moment d'enthousiasme. Il est clair que la contagion de l'exemple n'était pas moins à craindre pour les fiefs et les bourgs de l'aristocratie anglaise que pour les trônes du continent. Si d'un côté c'était le despotisme pur qui était menacé, c'était de l'autre la plénipotence oligarchique.

Les Chatam, les Pitt, les Liverpool, tous les chefs de cette puissante aristocratie anglaise, ne sentirent que trop bien le danger personnel qui les menaçait, et ils mirent tout en œuvre pour le prévenir. De là cette guerre inexorable contre la France, de là ces efforts inouïs pour faire de cette guerre de parti une guerre nationale. Certes, en cette circonstance, l'oligarchie anglaise, sacrifiant à ses propres intérêts ceux du pays tout entier, méconnaissait l'indestructible force que pouvaient acquérir par une alliance deux grands pays unis entre eux par une conformité d'institutions politiques. La noblesse ne vit que ses priviléges menacés, et non la grandeur de la nation compromise. On peut résumer sa politique par ce mot : *Périsse l'Angleterre plutôt que la puissance de l'aristocratie anglaise !* Alors elle fit du gouvernement anglais le banquier de la coalition absolutiste, alors elle fondit toutes les richesses du pays pour acheter la ruine de la révolution française, alors elle creusa l'abîme d'une dette que vingt-cinq ans de paix et de prospérité n'ont pas comblée, alors enfin elle ne craignit pas de conduire l'Angleterre à deux doigts de sa perte. Et pourquoi tant de sacrifices? pourquoi tant et de si grands périls? Pour un principe national? — Non (et il importe de bien le constater ici), mais pour *un principe de caste.* — Pour la puissance de l'Angleterre? — Non, mais pour la *seule puissance de l'aristocratie.* Cette longue guerre contre la France a été un intérêt de *parti*, et point un intérêt de *patrie.*

Cette guerre, il faut l'avouer, ne tarda pas à devenir nationale, parce que les guerres, quelle qu'en soit la cause première, l'injustice, l'ambition d'un prince, une rivalité de préséance, un intérêt dynastique, peu importe, les guerres se nationalisent pour peu qu'elles durent. L'inimitié finit par naître du mal que se font réciproquement les peuples, engagés souvent malgré eux dans ces désastreux conflits. Mais ce caractère d'animosité nationale qu'avait pris la guerre n'empêche pas qu'elle ne fût d'abord la guerre d'une caste égoïste contre le principe de l'émancipation populaire. Et en effet, à qui cette guerre a-t-elle profité? Ce n'est pas à la Grande-Bretagne qui se ressent encore des pertes immenses qu'elle lui a coûtées, mais à l'aristocratie, dont elle a retardé la chute.

Après nos désastres de 1814 et de 1815, une nouvelle phase se produit dans la politique européenne. La ligue des rois, qui s'était appelée la Sainte-Alliance, se flattait d'avoir réalisé sur le continent son rêve d'unité monarchique en nous imposant la dynastie légitime. Le vieux principe était restauré en France, il ne restait plus qu'à l'y maintenir, et le gouvernement français, comme on peut croire, s'accordait fort sur ce point avec les gouvernements étrangers ; le parti tory continuait à régner sur la Grande-Bretagne. Conséquemment plus de division de principe entre les gouvernements ; et quand après quelques tentatives d'émancipation avortées, les rois crurent avoir définitivement gagné leur cause contre les peuples, quand ils se persuadèrent qu'on acceptait partout la chose jugée au profit des aristocraties et des trônes, quand enfin il parut n'y avoir sur ce point capital qu'une même pensée, un même droit, une même victoire, alors tout naturellement la politique de principe céda la place à la politique d'intérêt, c'est à dire que des considérations d'un autre ordre commencèrent à déterminer les tendances des cabinets vers telle ou telle alliance. A cette question de vie ou de mort se substituèrent des questions de plus ou de moins dans les conditions de la puissance nationale, chacun étant libre de consulter ses convenances ou ses appréhensions dans le choix de ses alliés ! Ainsi l'Autriche et l'Angleterre faisaient cause commune pour arrêter les usurpations déjà menaçantes de la Russie sur l'Orient, tandis que les derniers ministères de Charles X gravitaient vers l'alliance russe, dans cette pensée que la France n'avait à défendre ni une position sur le Danube, ni des possessions dans les Grandes-Indes, et que de son côté la Russie n'était que médiocrement inquiétée de notre agrandissement très éventuel sur le Rhin.

C'est au moment où commençaient à s'opérer ces divergences diplomatiques déterminées par des désirs ou des besoins communs d'agrandissement et de défense, ou enfin par des intérêts matériels, que la révolution de juillet est venue brusquement interrompre ce mouvement partiel des cabinets. Elle a réveillé soudain entre la France et l'Europe cette grande question de principe momentanément assoupie. Les trônes ébranlés ont ressenti leurs antiques frayeurs, et, abandonnant sans hésiter les intérêts secondaires qui les divisaient, ils ont d'un commun accord ajourné leurs propres querelles. Plus de question pour eux sur la Baltique et la mer Noire! D'adversaires qu'elles étaient, voilà les puissances absolutistes redevenues alliées. Elles font volte-face ensemble vers l'Occident; elles ont encore une fois une même cause, le principe monarchique; encore une fois le même ennemi, la révolution française. Il faut recommencer la ligue de 92 ; mais dans cette sainte croisade, où les destinées de l'aristocratie sont liées à celles des couronnes, la première pensée de la coalition est d'enrôler l'Angleterre.

Mais l'Angleterre de 1830 n'était plus l'Angleterre de 1798. Ce que le parti tory avait fait en 1798, il n'était plus en position de le faire en 1831. Sa puissance , de plus en plus minée par le progrès de la raison publique, touchait à sa fin, qui fut effectivement hâtée par le contre-coup de la révolution de juillet. Déjà cédant d'inspiration à la propagande d'un grand exemple, le peuple anglais s'était spontanément déclaré l'allié d'une révolution qui ne pouvait manquer de l'aider à conquérir le but de ses longs efforts, la réforme parlementaire. Déjà la pression de l'opinion publique avait arraché au duc de Wellington lui-même la reconnaissance officielle de notre monarchie élue; quelques mois plus tard le parti whig prenait possession des affaires, et le gouvernement réformiste devenait l'allié du gouvernement inauguré en France par la révolution de juillet.

Il faut le dire cependant, ce ne fut pas l'affaire d'un jour de cimenter cette alliance. Le ministère whig, tout en se mettant au dessus de cet imbécile préjugé d'une implacable inimitié entre les deux peuples, tout en demeurant convaincu que la raison du pays tout entier protesterait contre une guerre faite à un principe qui était le sien, le ministère whig ne se sentait pas moins intimidé devant la responsabilité de cette redoutable initiative, lorsqu'il s'agissait de rompre avec les traditions politiques d'un demi-siècle, lorsqu'il s'agissait de répudier et de condamner ainsi implicitement un passé de trente ans, source, il est vrai, des plus déplorables sacrifices, mais qui finalement s'était soldé par une victoire ; lorsqu'il s'agissait enfin de changer de drapeau, d'alliés, d'adversaires, et peut-être enfin (qui le savait ?) de combattre avec ses anciens ennemis contre ses anciens auxiliaires. Avant d'oser cette grande innovation, avant de s'attacher définitivement à cette politique, le ministère whig a hésité, et il a fallu plus d'un an pour que l'alliance fût solidement établie.

Malheureusement cette hésitation, qui peut se comprendre, et que je ne veux pas blâmer, a eu de bien désastreuses conséquences. N'y a-t-il pas lieu de penser en effet que, si dès le principe il y avait eu confiance mutuelle entre les deux pays, la Pologne eût été sauvée ? Car ce qu'aucun des deux gouvernements agissant isolément n'a eu le courage de faire, agissant avec leurs forces collectives, les deux gouvernements l'auraient fait ; et quelle force pour l'Europe occidentale si ce boulevart contre les envahissements de la Russie fût resté debout ; la paix de l'Europe était alors établie sur la plus désirable des garanties, l'impuissance russe.

Mais enfin entre deux peuples si longtemps divisés, on comprend que la confiance ne s'improvise pas : ce n'est donc que vers la fin de 1831 qu'il faut placer la date de l'alliance anglaise. Il n'en est pas moins vrai que si dès le principe le cabinet de St-James ne s'était pas donné à l'alliance de la France, il s'était nettement refusé à l'alliance absolutiste : or ce refus a changé la répartition des forces sur lesquelles s'appuyaient les deux principes mis en présence, et l'équilibre était maintenu. Les puissances du Nord se trouvaient ainsi forcées à garder une attitude expectante, mais elles s'armaient par prudence contre l'invasion de la propagande française. La politique de principe divisait encore une fois l'Europe, et se substituait à la politique d'intérêt : ainsi , bien que les progrès de la Russie dans l'Orient fussent de nature à inquiéter plus que jamais l'Autriche, l'Autriche n'en faisait pas moins cause commune avec la Russie, car elle craignait encore plus le danger français qui la menaçait en Italie et en Hongrie, que le danger russe qui la menaçait sur le Danube. M. de Metternich exprimait cette pensée en disant *que l'Europe devait , avant tout , élever entre elle et la France une muraille de la Chine.* Cependant , quelles que fussent les mauvaises dispositions des cours du Nord contre la France, elles ont été condamnées à se contenir dans une hostilité diplomatique. La neutralité de l'Angleterre et la révolution de Pologne ont fait ajourner toute autre agression.

En 1832 l'Angleterre fit mieux que de rester neutre : elle entra avec franchise et résolution dans l'alliance du gouvernement de juillet. C'est alors qu'elle signa le quadruple traité, qui devait être le palladium de la liberté occidentale, qui créait enfin contre la fédération absolutiste une fédération constitutionnelle. Si le quadruple traité n'a pas produit toutes ses conséquences par la pacification de la Péninsule, s'il n'a pas donné une victoire définitive en Espagne au principe des gouvernements libres, ce n'est

pas au cabinet de Saint-James qu'il faut s'en prendre. Il faut
rendre justice au gouvernement anglais ; il avait porté dans l'exécution de ses nouveaux engagements ce dévouement sérieux, cet
admirable esprit de suite qu'il porte dans tous ses actes ; alors
comme toujours, sa ligne politique une fois tracée, il était énergiquement résolu à la suivre invariablement. C'est là le génie anglais :
dès que le but est marqué, c'est un point fixe qu'il ne perd plus de
vue, et vers lequel il marche avec une infatigable persévérance,
sans qu'aucun des événements qui se placent sur sa route l'en
fasse jamais dévier. Aussi, depuis que l'Angleterre est entrée dans
cette nouvelle voie, les ennemis de l'Europe émancipée la trou-
vent partout et à chaque pas comme un inévitable obstacle à leurs
projets. La Russie la rencontre tôt ou tard en tous les lieux du
monde, en Espagne, dans les ports de Saint-Sébastien et du Pas-
sage pour arrêter la contrebande carliste ; en Turquie, sur la mer
Noire pour disputer les clefs des Dardanelles remises à Nicolas
par le traité d'Unkiar-Skelessi ; en Autriche, en Egypte, en
Suède, en Perse, enfin partout. Voilà le rôle actif que joue
l'Angleterre dans l'alliance constitutionnelle depuis 1832.

D'un autre côté la révolution belge, quoique insuffisamment pro-
tégée par la France, avait transformé en une barrière pour notre
défense un poste ennemi avancé contre nous. Dès lors, le faisceau
des états libres présentait une redoutable résistance aux entre-
prises qu'on eût pu tenter pour le briser. L'Europe absolutiste s'ar-
rêta définitivement devant cette position si bien fortifiée. Mais dès
ce moment l'animosité de l'empereur de Russie, ce grand promo-
teur des croisades contre-révolutionnaires, se porta contre le cabinet britannique. Il aurait voulu tourner contre l'Angleterre
tout le mal qu'elle l'avait empêché de faire à la France de juillet.

Et comme la fermeté du gouvernement whig avait fait beaucoup plus pour la cause révolutionnaire que les hésitations et les faiblesses du gouvernement français, le cabinet de Saint-Pétersbourg, attribuant surtout au premier son impuissance, lui donna la première place dans son inimitié, et tourna tous ses efforts vers l'affaiblissement, sinon la ruine, de cette Angleterre, qu'il regarde, pour me servir d'une expression admise dans la langue de nos partis, comme la *défection* du grand parti européen.

C'est donc l'Angleterre que Nicolas poursuit partout aujourd'hui. Il sait que cet empire britannique, dont la base est si petite, l'élévation si grande et les adjonctions si vastes, est surtout vulnérable par les Indes. Il prend toutes les routes pour l'y atteindre. Il s'efforce de s'ouvrir à lui celle de la Perse, et se préoccupe déjà de lui fermer, à elle, celle de l'Egypte qui n'est encore qu'un projet vague. Il sait que la force de l'Angleterre est dans sa marine. Il rêve une marine russe à opposer à la marine anglaise. Il construit des bâtimens, il arme des flottes. Vains efforts! car il lui manque cette matière humaine avec laquelle se font les bons équipages. Le soldat russe est robuste et brave, propre à subir cette discipline de fer qui pèse sur l'armée ; mais c'est une machine animée, un automate vivant, qui n'a ni cette intelligence, ni cette souplesse, qualités indispensables pour constituer le marin. N'importe, stériles ou féconds, impuissants ou efficaces, tous les efforts de la Russie sont dirigés contre l'Angleterre qui marche aujourd'hui de pair avec la France dans les haines politiques de l'empereur de Russie.

Et, en effet, c'est un ennemi bien débonnaire pour les puissances absolutistes que le gouvernement français. Qu'a-t-il fait pour sa part dans la grande fédération constitutionnelle, qui, un moment, a été l'effroi des cours du Nord ? Comment aurait-il mérité cette honorable et persévérante inimitié qu'on n'éprouve que pour un énergique adversaire ? A peine le gouvernement français avait-il signé le traité de la quadruple alliance qu'il semblait déjà en être au repentir, et qu'il appliquait toutes les ressources de sa cauteleuse habileté à se dérober aux conséquences de cet engagement solennel. Pour obtenir la coopération promise, invoquait-on l'esprit du pacte ? il équivoquait sur la lettre; en appelait-on à la bonne foi? il jouait sur les mots. Soit qu'il vît, à travers l'intervention, cet éternel fantôme de la guerre générale, soit que par ce manquement envers un allié il se flattât de conquérir une autre alliance, soit qu'une préoccupation habituelle fît entrevoir dans le triomphe de don Carlos je ne sais quel espoir de royales fiançailles, toujours est-il que le cabinet des Tuileries n'a jamais prouvé qu'il eût sincèrement le désir de fonder dans la Péninsule le gouvernement constitutionnel. Et cependant (faut-il le répéter ?) quel intérêt plus vivace, plus pressant, plus important, et dans le présent et dans l'avenir, que d'établir en Espagne, c'est à dire sur les derrières de la ligne occidentale, un gouvernement qui reposât sur des institutions semblables aux nôtres, et qui, par là, fût forcément notre allié ?

N'est-ce point un danger immense et flagrant pour nous que la politique contraire à laquelle on a si justement donné le nom de politique carliste? Quoi ! vous vous exposez à installer la contre-révolution à notre porte ! Quoi ! vous vous employez à inaugurer en Espagne un gouvernement absolutiste, un gouvernement qui, situé au Midi, devient l'allié naturel de nos ennemis du Nord, allié naturel du principe que nous combattons, allié naturel, enfin, de la

dynastie expulsée! Qui n'en voit les conséquences!!! Dans une con-
flagration générale, voilà une redoutable diversion derrière nous;
et quand nous devons marcher sur le Rhin, il faut que nous divisions nos forces pour garder la ligne des Pyrénées. Voulez-vous
rejeter l'hypothèse d'une guerre? L'Espagne n'en serait pas moins
un foyer perpétuel d'intrigues révolutionnaires, une Vendée européenne, où se rendront tous les fauteurs de carlisme, épiant, pour
en profiter, toutes les éventualités de troubles civils qui éclate-
raient en France à la moindre menace d'un événement au dehors.
Dira-t-on que le triomphe de don Carlos n'est pas à craindre? Eh
bien, admettant même cette hypothèse, laisserez-vous se suici-
der une nation qui peut devenir pour la France un allié fidèle?
Laisserez-vous périr un pays qui peut être un débouché utile
pour votre commerce? Enfin, l'humanité même, qui n'est pas,
comme on veut bien le dire, un vain mot en politique, ne vous
fera-t-elle pas une loi d'arrêter ces massacres épouvantables qui
ont lieu à vos portes? Assurément l'Angleterre n'a pas les
mêmes périls à craindre si don Carlos arrivait à Madrid, et ses
intérêts ne sont pas plus grands ; et cependant, chose étrange,
c'est l'Angleterre qui réclame l'exécution du traité ; c'est la
France qui met tout en œuvre pour l'éluder; c'est l'Angleterre
qui envoie des secours effectifs; c'est la France qui hésite sans
cesse et ne prend que des demi-mesures, dont il était facile de
prévoir et dont on avait prévu l'insuccès.

Comment s'expliquer ce singulier contraste dans la politique
des deux cabinets? La puissance la moins intéressée est celle qui
agit. La puissance la plus menacée par le triomphe de la cause
carliste est celle qui s'emploie le moins à le prévenir? D'où vient
cette anomalie? C'est que le cabinet des Tuileries n'a pas cessé de

nourrir l'espoir insensé de faire sa paix avec les puissances du Nord. Vainement les faits sont-ils venus donner un constant démenti à ses illusions naïves chaque fois qu'il s'est agi de faire succéder les actes aux paroles sur cette utopie d'une alliance continentale. Sa crédulité est inépuisable, tant on croit ce qu'on désire ! C'est cette malheureuse crédulité qui en 1835 et en 1836 a mis obstacle à l'exécution franche et réelle du quadruple traité. On pensait de bonne foi qu'on allait cimenter une réconciliation avec l'Autriche, peut-être même avec la Prusse. C'est encore par suite de cette malheureuse crédulité qu'en 1836 le gouvernement français a consenti à jouer en Suisse un rôle si déplorablement contraire à ses intérêts, alors que le président du conseil ne *savait pas tout*. Enfin toujours sous l'influence de ce chimérique espoir, abandonnant en Orient la cause de l'Angleterre, et on peut dire celle de l'Europe, le gouvernement français montrait pour les usurpations russes une funeste tolérance pour laquelle dans son aveuglement il comptait obtenir des compensations, et laissait ainsi les événements aboutir au traité d'Unkiar-Skelessi, qu'il eût été facile de prévenir par une résistance franchement concertée avec l'Angleterre.

Que recueillait cependant la France de cette politique en partie double? Elle s'éloignait de l'alliance anglaise sans se rapprocher effectivement de l'alliance du Nord. Elle s'exposait à perdre l'une sans gagner l'autre. Toutes les concessions faites aux cours absolutistes n'atténuaient en rien leur malveillance : ainsi, dans le temps même où la France, nonobstant le quadruple traité, refusait tout secours à la reine d'Espagne, l'Autriche et la Russie envoyaient d'une manière régulière et patente des subsides à don Carlos ; dans le temps même où le cabinet des Tuileries se mettait envers elles en si grands frais de ménagements et de prévenances, elles faisaient des efforts obstinés et ostensibles pour s'opposer au mariage de M. le duc d'Orléans, elles organisaient contre lui ce qu'on a appelé le blocus matrimonial, espérant par là, dans leur fol orgueil, ébranler la dynastie de juillet qui, appuyée sur les sympathies nationales, se fortifiait au contraire de toute l'animosité que les ennemis de la France déployaient contre elle.

Pourquoi maintenant cet inexorable parti pris de repousser les avances du gouvernement français? Pourquoi cette immuable union des cabinets absolutistes, dont les intérêts sont divisés sur plusieurs points? Parce qu'à leurs yeux la politique de principe domine exclusivement en Europe; parce qu'ils ont cette pensée que tôt ou tard la querelle de principes se videra sur un champ de bataille; parce que cette pensée a beau être traitée de vieillerie, elle ne pèse pas moins sur le monde comme une inévitable fatalité; parce qu'ajourner n'est pas résoudre; parce que cela leur paraît un acte de prudence de se tenir toujours prêts pour cette grande lutte dont dépendra peut-être le sort des trônes. Dans cet interdit politique mis par les monarchies légitimes du continent sur la monarchie élue, il n'y a donc qu'une raison de principe. L'empereur de Russie est peut-être le seul des souverains chez qui une antipathie personnelle s'ajoute à l'hostilité politique; ce sentiment rend l'hostilité plus implacable, sans en être la cause. Rien de semblable chez l'empereur d'Autriche et le roi de Prusse. Point d'hostilité contre les personnes. Et pourtant l'empereur d'Autriche et le roi de Prusse agissent en ennemis contre nous, tout aussi bien que l'empereur de Russie. Tout comme lui ils cherchaient à empêcher le duc

d'Orléans de se marier en Allemagne, afin qu'il ne détachât aucun état de leur coalition. Tout comme lui ils soutenaient la cause
de don Carlos, parce qu'il est le représentant de leur principe
au-delà des Pyrénées; car aucun intérêt plus immédiat ne se
trouve pour eux dans le triomphe de l'Infant. L'Autriche fait plus
encore, elle oublie la politique de ses intérêts devant le grand
intérêt de sa politique de principe; elle ferme les yeux sur l'ac-
croissement de la puissance russe en Orient, et tous les efforts du
cabinet anglais auprès du cabinet de Vienne n'ont pu aboutir
qu'à lui faire signer un traité de commerce dont l'arrière-pensée,
il faut le reconnaître, est anti-russe; mais l'Autriche reste l'alliée
de ce gigantesque envahisseur qui la menace de plus en plus sur
le Danube et s'achemine vers Constantinople, et pourquoi cela?
Parce qu'avant tout il faut à l'Autriche la force et l'unité de la
ligue absolutiste. Cet intérêt prime encore pour elle tous les autres.

Un fait récent semble, au premier abord, avoir fait fléchir
cette inflexible inimitié des puissances du Nord contre la France.
Le cabinet est venu solliciter leur appui dans l'affaire suisse; et
les puissances du Nord lui ont prêté leur appui; c'est que, dans
cette question, le rôle et la situation de la France étaient changés.
Si les cours absolutistes ont intérêt à affaiblir la fédération
constitutionnelle, le moyen le plus sûr d'y parvenir serait
de séparer la France de l'Angleterre; mais ce n'est pas par
une alliance qui dans l'état actuel des choses ne pourrait être
que provisoire, qu'elles croiraient avoir atteint ce but, ce serait
en amenant le gouvernement français à marcher dans leurs voies:
alors, tant que le gouvernement français serait en état de per-

sévérer, contre le vœu du pays, dans une telle politique, la coalition constitutionnelle se trouverait forcément dissoute. L'Angleterre, demeurée seule protectrice des états qui tendent à conquérir des institutions représentatives, ne serait probablement pas longtemps en mesure de soutenir une lutte inégale ; le principe absolutiste ne tarderait pas à être restauré en Espagne. Après quoi la France, mise en contact avec une contre-révolution qu'elle aurait soufferte, nécessairement abandonnée de l'Angleterre qu'elle aurait trahie, reprise en sous-œuvre par les puissances du Nord auxquelles elle se serait livrée sans qu'elles se livrassent à elle, serait facilement mise au diapason politique de l'Europe absolutiste.

Or, dans cette affaire suisse, qu'est-ce que le gouvernement français venait demander aux cabinets absolutistes ? Quelque chose qui secondait merveilleusement le plan que nous venons de tracer. Il leur demandait de lui venir en aide dans une expédition diamétralement contraire à son principe. Les cours du Nord se sont empressées d'y concourir : car elles se rendaient service à elles-mêmes, en secondant le cabinet des Tuileries dans une entreprise où il se faisait du tort ; elles lui aidaient à se nuire, et le constituaient leur obligé. En effet la France, par cette expédition sans but utile, n'aboutissait qu'à s'aliéner la Suisse, l'un des précieux anneaux qui composent la chaîne des états libres. Elle transformait son boulevart oriental en un camp prêt à s'armer contre elle. Puis donnant l'exemple de l'intervention chez un peuple indépendant, elle s'ôtait les moyens de combattre avec efficacité l'influence des cours du Nord en Suisse. En effet, un mois après M. de Metternich datait pour ainsi dire de Venise un réglement d'administration dont il prétendait imposer l'exécution à la diète. La France s'ôtait encore les moyens de réclamer contre les mesures odieuses prises en violation des traités de Vienne, contre la malheureuse république de Cracovie. Elle s'ôtait les moyens d'intervenir avec l'avantage d'une position indépendante dans les affaires d'Orient. Elle s'ôtait même le moyen de soutenir énergiquement la Belgique contre la volonté unanime des autres puissances ; elle s'ôtait les moyens d'exécuter franchement le quadruple traité, et elle souscrivait enfin à s'annuler entièrement en Italie par l'évacuation d'Ancône.

Je ne suis pas de ceux qui croient qu'il y ait eu à cette occasion un traité secret, par lequel, en échange du service rendu, la France aurait stipulé des concessions sur tous les points dont je viens de parler. Mais il faudrait ignorer complétement comment vont les choses humaines pour ne pas comprendre que la trop déplorable affaire suisse dans nos relations extérieures doit avoir toutes les conséquences que j'indique. En effet ayez avec des tiers plusieurs affaires en litige ; si l'une d'elles vous intéresse plus que les autres et qu'à son sujet vous demandiez un service à ceux-là mêmes avec qui vous êtes en contestation, ce qu'on vous accordera sur un point, vous le paierez sur d'autres, et le service qu'on vous a rendu vous engage nécessairement envers ceux dont vous l'avez réclamé. Voilà ce que les puissances du Nord ont bien compris. Elles ont habilement poussé la France dans la faute qu'elle commettait, en se réservant de la lui faire expier à leur profit.

Voilà dans quelle pensée, par quels moyens, et pour quels tristes résultats le cabinet des Tuileries a déserté sourdement la politique de principe.

Cette tendance s'était depuis quelque temps manifestée dans un des organes de la presse ministérielle. Ce n'est pas à la vérité le *Journal des Débats* qu'on avait chargé de lancer le ballon d'essai. Le rôle était confié à un plénipotentiaire de la polé-mique moins important, et qu'il était plus aisé de désavouer au besoin. C'est là que la pensée de l'alliance russe s'est produite, sans que cette manifestation pût trop engager la responsabilité ministérielle. De là ces attaques périodiques contre l'alliance an-glaise, ces efforts constants pour réveiller la vieille inimitié des deux peuples. On s'est adressé aux préjugés nationaux, aux jalousies de puissance politique, aux rivalités commerciales. Dernièrement encore ce journal cherchait à alarmer l'opinion sur l'agrandissement colonial de l'Angleterre, sur ses projets en Egypte. Et c'est par ces dangers chimériques, ou du moins si distants, qu'on cherche à faire diversion aux inquiétudes si légi-times que doit inspirer à la France le danger très réel et très prochain qui la menace vers le Nord. De pareilles insinuations ne donnent le change à personne.

Mais l'Angleterre, comme on pense bien, n'est pas sans avoir démêlé les détours de cette tortueuse marche; elle sait les tergi-versations, les oscillations de notre gouvernement entre des alliances contraires, et ce qu'elle a fait de découvertes sur cette duplicité diplomatique a nécessairement refroidi son amitié et détruit sa confiance; cependant le cabinet anglais, comme je l'ai dit, a une admirable persévérance de conduite; il a compris le grand système de la double fédération européenne sous le point de vue large que je me suis efforcé d'exposer; il suit sa route, et veut à tout prix atteindre son but; il ménage encore la France; il sait d'ailleurs que si la chambre montre enfin quelque énergie de volonté, la politique française peut rentrer dans la bonne voie.

Néanmoins le cabinet de St-James, qui ne rompra l'alliance française qu'à la dernière extrémité, instruit par cette fâcheuse expérience, se tient sur la réserve. Avant de s'engager pour l'avenir, il regarde en arrière, et comme il a été abandonné par la France en Espagne et en Orient, il est malheureusement disposé à abandonner la France sur les questions qui la touchent de plus près. C'est ainsi que dans la conférence de Londres, pour l'affaire hollando-belge, nous voyons lord Palmerston décidé à ne pas se jeter dans un nouvel embarras, dans l'intérêt de ce gouvernement qui lui a laissé porter, à lui tout seul, le poids de toutes les autres difficultés européennes.

Comment blâmer cette trop juste représaille? D'ailleurs, il faut partir d'un principe immuable : c'est qu'il n'y a d'alliances durables, quelles qu'elles soient, qu'autant qu'elles reposent sur des intérêts réciproques. On fait peu de dupes en politique, ou du moins les duperies ne sont pas longues. Si vous voulez l'alliance anglaise, sachez la vouloir franchement, sincèrement, complétement ; mettez de côté des jalousies nationales qui ne sont plus de notre époque ; et surtout, quand vous tendez cordialement la main à gauche, ne la tendez pas clandestinement à droite; ne trahissez pas des amitiés ouvertes et déclarées pour des amitiés secrètes et plus que douteuses. Dans tous les temps cette politique à double visage, cette politique qui consiste à jouer ses alliés, n'est ni digne ni habile. Aujourd'hui elle serait plus ; elle serait criminelle, car l'alliance anglaise est non seulement la garantie la plus réelle de l'indépendance nationale, de la monarchie élue, mais, je le dis sans hésitation, elle est la garantie des libertés de la France.

Pour me résumer, je dirai qu'il n'y a aujourd'hui en Europe que deux camps : dans l'un les gouvernements absolutistes, dans l'autre les gouvernements constitutionnels. L'un a pour drapeau la légitimité des trônes, la souveraineté du droit divin; l'autre la souveraineté nationale. Toutes les divisions secondaires, basées sur des intérêts matériels, disparaissent ou se confondent dans cette grande division politique. Que la diplomatie du Nord cherche à faire une diversion, en réveillant dans le camp qui lui est opposé des contestations subalternes, nous le comprenons ; mais nous ne comprendrions pas qu'on se laissât prendre à ce piége. Les deux principes sont en présence, ils s'observent et se mesurent. Il y a huit ans qu'on le dit ; mais, depuis huit ans, cela n'a pas cessé d'être vrai. La véritable, la seule politique, c'est de se préparer à cette lutte, qui a pu être retardée par la balance égale des forces, mais qui éclaterait inévitablement, dès que cet équilibre serait rompu à l'avantage de l'absolutisme.

Il importe donc avant tout que les gouvernemens libres se rapprochent et se serrent, qu'ils ne se laissent pas diviser par des intérêts secondaires que leurs ennemis cherchent à réveiller en eux pour exciter une mutuelle jalousie. Il faut qu'ils sachent comprendre le grand intérêt qui les lie les uns aux autres; qu'ils s'attachent à augmenter leurs forces; que, pour cela, ils tendent une main secourable à toute nation qui se débat pour se constituer sur un principe analogue au leur, de manière à présenter contre la ligue des puissances absolutistes l'indestructible faisceau des puissances occidentales. Rendons justice au gouvernement anglais, il travaille avec constance à cette grande œuvre d'association. Malheureusement la même portée d'esprit ne préside pas aux destinées de la France. On obéit à des intérêts étroits; on est tantôt pusillanime, tantôt fanfaron (mais fanfaron avec le Mexique et la Suisse), et toujours hors de propos. A chaque instant on dévie de la seule politique à laquelle est attaché le salut de la liberté constitutionnelle. Il serait difficile de dire où cette route peut nous conduire; mais, à coup sûr, elle peut amener les plus fâcheuses conséquences pour la paix du monde, et dans un avenir très rapproché. Que le gouvernement, toujours préoccupé de l'étroite pensée de mériter les bonnes graces des vieilles dynasties, se laisse prendre aux séductions de la diplomatie russe, nous n'en sommes pas surpris; mais que du moins l'opposition nationale proteste; qu'elle défende jusqu'à la fin la noble cause des alliances fondées sur les principes, et qu'elle n'oublie jamais que l'alliance anglaise est devenue le palladium de la puissance démocratique en Europe.

Je terminerai par exposer en quelques mots les résultats auxquels la France a été conduite par la tendance incontestable du cabinet actuel à s'éloigner de l'alliance anglaise.

L'Espagne, *plus en feu que jamais;* le principe constitutionnel succombant devant le principe absolutiste, dans un pays notre voisin et notre allié ;

La nation suisse jetée, par la plus injuste et la plus funeste des expéditions diplomatiques, en dehors de notre vieille amitié, et dans un sens contraire à ses sympathies pour nous ; le droit d'intervention des grandes puissances dans les affaires intérieures d'un état neutre établi à notre préjudice et par notre fait ;

L'influence française en Orient complétement annulée ;

La question belge arrivée à ce point, que la politique connue de notre cabinet nous place dans cette alternative : ou de laisser la Prusse déposséder la Belgique du Limbourg et du Luxembourg pour en investir la Hollande, ou de nous charger nous-mêmes de faire exécuter l'arrêt prononcé contre notre allié.

Que de hontes ou que de menaçantes éventualités en perspective ! Comment sortir de ce dédale, et comment en sortir sans guerre ? Et c'est au moment où la faiblesse, l'imprévoyance, l'impéritie du cabinet, ont rendu une guerre possible, que l'on va, de gaîté de cœur, livrer Ancône ! Mais a-t-on bien réfléchi à l'importance d'Ancône dans un cas de guerre ? Je me bornerai à rapporter à ce sujet ce qu'écrivait le général Bonaparte au Directoire le 15 février 1797 : « Ancône est un très bon » port ; on va de là en vingt-quatre heures en Macédoine, et en » dix jours à Constantinople. Je fais mettre dans le meilleur état » de défense la forteresse ; *il faut que nous conservions le* » *port d'Ancône à la paix générale, et qu'il reste toujours* » *français.* Cela nous donnera une grande influence en Orient, » et nous rendra maîtres de la mer Adriatique, comme nous le » sommes par Marseille, l'île de Corse et Saint-Pierre, de la Mé- » diterranée ; quinze cents hommes de garnison et deux à trois

» mille livres pour fortifier un monticule voisin, et cette ville
» sera susceptible de soutenir un très long siége. »

Voilà quelle position nous avons cédée, dans quelles circonstances et pour quel résultat ! Qui oserait soutenir que, si depuis six mois le cabinet français avait marché franchement dans
l'esprit de l'alliance anglaise, nous en serions là ! ! ! !

9 782012 478541